새가 날아간 곳에 섬이 있네

새가 날아간 곳에 섬이 있네

발행일	2025년 9월 5일

지은이	서춘성
펴낸이	손형국
펴낸곳	(주)북랩

출판등록	2004. 12. 1(제2012-000051호)
주소	서울특별시 금천구 가산디지털 1로 168, 우림라이온스밸리 B동 B111호, B113~115호
홈페이지	www.book.co.kr
전화번호	(02)2026-5777 팩스 (02)3159-9637

ISBN 979-11-7224-825-3 03810(종이책)   979-11-7224-826-0 05810(전자책)

잘못된 책은 구입한 곳에서 교환해드립니다.
이 책은 저작권법에 따라 보호받는 저작물이므로 무단 전재와 복제를 금합니다.
이 책은 (주)북랩이 보유한 리코 장비로 인쇄되었습니다.

작가 연락처 문의 ▶ ask.book.co.kr
전용 게시판에 문의를 남기시면 저자에게 직접 전달됩니다.

(주)북랩 성공출판의 파트너

북랩 홈페이지와 SNS에서 다양한 출판 솔루션을 만나 보세요!

홈페이지 book.co.kr   •   **블로그** blog.naver.com/essaybook   •   **출판문의** text@book.co.kr
카톡채널 북랩

이 책은 한국예술인복지재단으로부터 창작지원금을 지원받아 제작하였습니다.

서춘성 시집

새가 날아간 곳에
섬이 있네

북랩

서문
바람의 그물에 대하여

—

누군가는 삶을 소유의 기록이라 말하지만,
내게 삶은 놓침의 연속이었다.
무언가를 잡으려 손을 뻗는 동안,
더 많은 것들이 흘러가고 있었음을
나는 너무 늦게 알았다.
이 시들은 흩어진 바람을 그물로 붙늘려 한
한 사람의 오래된 이야기에서 비롯되었다.
잡히지 않는 것들을 기다리는 일,
끝내 손에 남는 건 그 부재의 감촉뿐이라는 사실.
그러면서도 다시 그물을 꿰매고,
바람 부는 방향으로 나아가는 일.
우리는 누구나 자신만의 바닷가에 있다.
기억은 늘 멀리서 출렁이고,
욕망은 날마다 다른 모양의 파도로 밀려온다.
그리고 어딘가엔,

오늘도 저녁이 천천히

허무와 따뜻함의 경계로 내려앉는다.

이 시집은

잡히지 않았기에 더 깊이 남은 것들에 대한 기록이다.

바람이 그물 속에 남긴 이름들,

그 손끝에서 저물어간 이야기들에 바치는 작은 진혼이다.

그리움의 무게로,

부재의 얼굴로

나는 이 시들을 묶는다.

2025년 여름 와온 바닷가에서
서춘성

차례

서문 – 바람의 그물에 대하여 _ 4

1부

새가 날아가는 쪽에 섬이 있다 _ 14
이어도, 내면의 섬 _ 16
내 안의 간월암 _ 18
바람의 얼굴 _ 20
길에는 무엇이 자라는가 _ 22
나의 詩는 _ 24
날개는 흙에서 자란다 _ 26
쉼표 옆의 삶 _ 28
쪽방촌 사람들 _ 30
문득 멈춘 발걸음 _ 32
시(詩)는 어떻게 피어나는가 _ 34
저녁 노을 앞에서 _ 36
표절된 인생 _ 38
닿을 수 없음에 대하여 _ 40
젖은 침묵, 돌이 된 날개 _ 42

뿌리의 얼굴 _ 44

먼저 온 미래 _ 46

사람과 사람 사이 그 거리에 핀 꽃 _ 48

돌이 된 울음 _ 50

그물 _ 52

2부

걷지 않은 사랑은 없다 _ 54

지나서야 아는 것들 _ 56

위태로운 사랑도 _ 58

소나기가 내린 호수 _ 60

들국화 차 _ 62

그리운 사람 _ 64

흘러간 것들을 위하여 _ 66

달맞이꽃 _ 68

소리 없는 강물에 앉아 _ 70

어긋나는 곳에 피는 길 _ 72

사랑은 길을 잃는 방식으로 _ 74

묻어둔 이별 _ 76

잊히지 않는 꽃 한 송이 _ 78
꽃은 어떻게 피는가 _ 80
인간적 예수의 눈물 _ 82
불나방 _ 84
끝나야만 시작되는 _ 85
물의 얼굴 _ 86
비가 머문 자리 _ 88

3부

공원 벤치 _ 92
추락하지 않은 날개 _ 94
폐점 세일 _ 96
투루카나의 아이들 _ 98
손톱 밑의 시절 _ 100
다리를 건너는 사람들 _ 102
순천만, 눈 내리는 날 _ 104
눈길 머무는 곳 _ 106
까치집 _ 108
달동네의 크리스마스트리 _ 110
늪 위에 _ 112

빈 기둥에 깃든 노래	_ 114
이제 신발을 벗을 때	_ 116
파도를 삼킨 섬은	_ 118
마포대교에서	_ 120
섬달천(佔川島)	_ 122
모리서스(Mauritius)섬으로 오세요	_ 124
아프리카의 시간	_ 126

4부

겨울 새	_ 128
얼굴 없는 사람들	_ 130
나무의 외침	_ 132
개 짖는 사회	_ 134
제로섬	_ 136
가장 낮은 사랑으로	_ 138
사막에 핀 민들레	_ 140
자소상	_ 142
하늘 한 조각	_ 144
비의 체포	_ 146
만인의 입술로	_ 148

탄환의 고향	_ 150
혀 아래에 검은 깃발	_ 152
지리산 고사목(枯死木)	_ 154
넋풀이	_ 156
돌아보면 산이 있다	_ 157
몸의 기울기로 말하다	_ 158
떠도는 바람의 섬	_ 160
끝나지 않은 이별	_ 162
지리산에 흐르는 또 하나의 계절	_ 164
되돌아오는 소리	_ 166

5부

둥근 사각형	_ 168
질문은 살아 있고, 답은 죽는다	_ 170
빗물이 되고 싶다	_ 172
백지 위의 새	_ 174
다움	_ 176
바람 부는 날, 나는	_ 178
환상통의 날개	_ 180

우리는 다시 잎이 된다	_ 182
와온 해변 해 질 녘	_ 184
인동초	_ 186
따오기 소리를 찾아서	_ 188
홀로된 것을	_ 190
회전목마	_ 192
가슴속 무지개	_ 194
반딧불이	_ 196
봄은 가출 중이다	_ 198
염전에는 지금	_ 200
파도는 또 온다	_ 201
파란 나비의 꿈	_ 202

서춘성 평설 - 역사의 증언과 아름다운 서정   _ 204

새가 날아가는 쪽에 섬이 있다

보이지 않아도
그곳엔 나무가 있고 빛이 있고
돌담을 넘는 바람이 있다

날개는 길을 알지 못하지만
하늘은 방향을 기억한다
흔들리는 깃털 한 올에도
희미한 지도가 숨어 있고
그 지도 끝마다 이름 없는
섬 하나, 기다리고 있다

그 섬엔 아무도 묻지 않는 질문들이
조용히 눕고 한때의 슬픔들이
물새의 잠으로 스며든다

새가 날아간다

바람에 날리는 풀씨를 물고

그 새가 닿는 곳에

내가 아직 말하지 못한

하나의 섬이 있다는 것을

이어도, 내면의 섬

나는 나를 향해 항해한다
그 끝에 이어도 하나 떠 있다고 믿는다
지도에는 없다 위치도 불확실하다
그러나 누구나 한 번쯤
그 섬을 보았다고 말한다

어릴 적 어머니의 침묵 속에서
청춘의 첫 고백 끝에서
불 꺼진 방 안의 울음 속에서
이어도는 그때마다 아주 가까이 있었다

내가 나를 응시할 때마다
물안개가 낀다 거기, 보이지만 보이지 않는
나의 중심 혹은 나조차 외면한 나의 그림자
해류는 속을 감춘다
심해에는 기억보다

무거운 것들이 가라앉고 표면은 평온하다
나는 잘 떠 있는 것처럼 보인다
그러나 나는 가라앉고 있다

이어도는 묻는다
"너는 너에게 도달한 적이 있는가?"
나는 말없이 파도 위에 서 있다
언제나 도착 직전에 사라지는
나라는 섬을 향해

내 안의 간월암

내 안엔 간월암 하나 숨겨져 있다
말 많은 하루가 밀려들 땐 물속에 잠긴다
고요한 척, 닿을 수 없는 척

사람들은 썰물을 기다려 들어온다
내게 말을 걸고 소원을 놓고 사진을 찍는다
나는 기다린 적도 없고 환대한 적도 없는데
돌계단 아래 짠물 든 마음 하나 묻어두고
그들은 돌아간다 제 갈 곳으로

나는 다시 밀물 속으로 숨어든다
길은 사라지고 다시 혼자다
무릎만큼 차오른 고요,

무표정한 얼굴로 나는 나를 숨긴다
누구도 다가올 수 없는 내 안의 물때
거기, 간월암이 있다
늘 그 자리에

바람의 얼굴

책갈피 사이 누힌 꽃잎처럼
바람도 겹과 겹을 지나
한 생의 페이지를 넘긴다

어느 바람은 꽃을 피우고
어느 바람은 꽃을 떨군다
한숨처럼 미련처럼

따스한 봄날의 바람은
첫사랑의 볼을 스치고
가을 끝자락 바람은 이별의 등을 민다

얼어붙은 밤 창문을 흔드는
그 바람은 절망을 데리고 와
불 꺼진 방 안에 눕는다

그렇게 바람은
웃고, 울고, 밀고, 끌며
인생의 얼굴을 흘러보낸다
책을 덮을 때쯤 비로소 알게 되는 것

바람도 지나간다는 것
그 바람이 나였다는 것

길에는 무엇이 자라는가

길에는 무엇이 자라는가?
잡초일까, 기억일까
아니면 우리가 잊고 떠난 이름들일까

맨발로 걷는 자는 안다
길 위의 바람이 얼마나 뜨겁고
그 끝이 얼마나 멀고 무의미한지를
산을 넘을 때마다 누군가는 실종되었다

그들의 흔적은 지도에 남지 않았고
그 목소리는 언덕 너머
돌무더기 밑에서 잦아들었다
바다로 가는 길은 언제나 안쪽으로 휘어진다
밖이 아니라 안으로
멀어지는 것이 아니라 사라지는 쪽으로

그래서 길은 종종 방황을 키우고
끝내 실종을 피워낸다
나는 물었다
"무엇이 여기에 자라는가?"
한 노인은 대답하지 않았고
한 아이는 울음을 멈추지 않았다

그리고 한 여인은 맨발로 모래를 밟으며
작은 돌 하나를 묻고 있었다
그 돌 위에는 이름 대신
바다 냄새가 스며 있었다

나의 詩는

나는 아직 번역되지 않은 말이다
시간은 내 안에서 소리 없이 갉아먹고
파도는 귓가에 끊임없이 속삭이며
바람은 내 존재의 가장자리를 물들이고 있다

조각난 기억과 언어 사이에 갇혀
나는 어느 한 덩어리로
굳지 못한 채 흩어진 존재이다

나의 시는 나를 번역하는 날갯짓이다
그러나 그 번역이 내 본질을 지우지 않기를
나의 파편들 아픔과 꿈들이
여전히 그 자리에서 숨쉬기를 바라는 마음이다

여기 시간과 바람과 파도 사이에서
깨어나지 않는 꿈들이다
나의 시들은 그 꿈의 조각들이자
번역되지 않은 나의 목소리다

날개는 흙에서 자란다

깃털은 처음부터 하늘에 닿지 않았다
바닥, 더 바닥
굽은 허리 위에 쌓인 시간들

나는 날개를 잃은 채 태어났다
날개가 나기 전까지
얼마나 오래 주저앉아야 하는지
한 줄의 문장 한 모금의 울음을
손으로 밀며 알아갔다

높은 것은 언제나 낮은 데서 시작한다
비상은 낙하의 어깨에서
한 발짝 더 내려가는 일
그래서 날개는 흙에서 자란다

절망과 좌절의 흙탕물 속에

그것은 핀다

아무도 모르게

쉼표 옆의 삶

문장 끝이 아니었다
그저 숨을 고른 것뿐
쉼표 옆에서 나는 잠시 멈추었다

뜨거운 국밥을 식히듯
울음을 꾹 삼키듯
아무 말 없이 손을 맞잡듯이

지나온 날들의 행간 속에
작은 숨이 깃들었다
마침표는 너무 단단했고
물음표는 너무 흔들렸고
느낌표는 너무 멀었다

그래서 나는 쉼표 옆에 살기로 했다
불 꺼진 방, 식지 않은 차 한 잔
노을을 등진 그늘 같은 오후

바람도 한 번 쉬었다 가는
그 조용한 틈에
삶은 고요히 피어났다

아직 끝나지 않은 이야기처럼

쪽방촌 사람들

창이 없는 쪽방촌
쌈박질은 늘 사소한 이유로 벌어지고
욕은 대답이자 인사다
그렇게 욕을 던지며 사는 사이
이웃집 영감이 죽었다

초상집엔 꽃 대신 종이컵이 놓이고
상주도 울지 못한 자리에
옆방에 사는 영감이 서럽게 울었다
그는 가장 먼저 울었고 가장 늦게까지 남았다

아무도 묻지 않았다
왜 그렇게 우느냐고
누군가의 슬픔은 자기 것이 아니어도
묻어가야 겨우 버티는 하루

한 사람이 떠나야

잠시 조용해지고 그 고요 속에서

조금씩 멀어져 가는 자신을 보는 그들

쪽방촌엔 사는 게 아니라 버티며 산다

울고 싶어도 울 자리가 없어

이웃의 죽음에 기대어 운다

문득 멈춘 발걸음

걷다가 문득 발걸음을
멈출 때가 있다

바람이 내 이름을
잊은 듯 불어올 때
낙엽 하나,
모퉁이에 오래 앉은 기억 하나

지나간 말들이 뒤를 따라오다
조용히 발등 위에 머무를 때

세상은 잠시 숨을 고르고
나는 나를 돌아본다

무언가를 잃었는지
아니면 아직 가지 않은 길이
거기 있는지

그때,
마음속에서 작은 새 한 마리
날개를 털고 일어선다

멈춤은
끝이 아니라
또 다른 시작이었다

시(詩)는 어떻게 피어나는가

한 조각의 말,
의미도 가지기 전의 숨결 하나가
입술에 닿기 전 이미 詩였다

'꽃'이 되기 전 그는 'ㄲ'의 긴장과
'ㅗ'의 열림과 'ㅊ'의 사라짐 사이에 서 있었다

가장 작은 뜻의 씨앗 거기서 시는 피어난다
분절된 언어의 틈 의미도 아직 탄생하지 않은
어둠 속에서 빛은 모음처럼 번진다

시는 말이 아니다 말 이전의 떨림,
소리의 뿌리에서 피어나는
의지 없는 아름다움이다

형태소가 의미를 이루기 전
그 빈 자리에 시는 스며든다

그래서 시는 읽는 것이 아니라
느끼는 것, 뜻을 해체해 얻은
순간의 결, 숨의 결

그 조용한 파열음 속에서
시는 처음처럼
언제나 처음처럼 피어난다

저녁 노을 앞에서

하나둘 떠나버린 사람들
말없이 등을 보이고
먼 길을 건너간 사람들

그 자리에 바람만 남아
이름도 없는 그림자는 흔들리고

나는 나목처럼
속살을 드러낸 채 거울 앞에 선다

저녁 노을은 붉은 이별을 품고
가지 끝마다 붙잡지 못한 말들이
얼어붙는다

그래도 나는
그들의 발자국이 지워진 길 위에서
가만히,
그리움으로 피어오른다

표절된 인생

누군가의 문장을 베껴
내 이름을 썼다 나는 그렇게
처음부터 내 것이 아니었다

자라나는 말투 주어진 옷
허락된 감정만 입은 채
거울 앞에 서면
나는 언제나 타인의 초안이었다

삶은 자꾸만 서랍 속 사용설명을
꺼내 읽게 했고 나는 기계처럼
틀린 줄도 모르고 살아냈다

내 웃음은 누군가의 방송에서 왔고
내 분노는 편집된 뉴스의 자막에서 왔다
나조차 모르는
'나 같은 사람'으로 살아가며
나는 매일 정답을 외워야 했다

그러다 문득, 문장 밖으로 떨어진
삶이 아닌 삶의 표절로 산
내 인생의 각주를 발견했다

진짜 나는 삭제선 아래 있었고
출처 없는 몸이었다

닿을 수 없음에 대하여

갈증은 물이 없을 때가 아니라
물이 너무 가까이 있을 때 시작된다

손끝에 닿지 않는 투명한 진실처럼
내 앞에 놓인 무수한 가능들이
나를 말려간다

입을 벌리면 삼켜지는 건 물이 아니라
내 안의 숨이다
나는 닿을 수 없는 것 앞에서
타고 있다 침묵은 점점 내 목을 감고
이유 없는 무기력이 혀끝에 고인다

내가 마시고 싶은 건
물이 아니라 이 무기력의 구조를 파괴할
하나의 문장, 혹은 나를 끝내 울리는
단 하나의 목소리였다

그러나 아무도 묻지 않았다
왜 이렇게 젖은 몸으로 타는지를

젖은 침묵, 돌이 된 날개

말하지 못한 것이
말보다 무거워질 때가 있다
젖은 침묵은 스며든다
뼛속 깊은 쓸쓸함으로

바람은 지나갔지만
남은 것은 움직이지 못한 마음
떨지 못한 고백 흘러내리지 못한 눈물

그때 나는 돌이 된 날개를 느꼈다

한때는 하늘을 품었던 가벼운 꿈
그러나 지금은
어깨 위, 굳어버린 무게로만 남아

날고 싶지 않은 것이 아니라
날 수 없다는 걸 안다는 것

그 무게로 나는 걷는다
젖은 침묵과 함께 돌이 된 날개를 달고

뿌리의 얼굴

보이지 않는 얼굴이
흙 속에서 나를 올려다본다
빛보다 먼저 비보다 깊게
어둠의 무늬를 기억하는 이름 없는 떨림

말 없는 입술 말라붙은 손금들로
나를 붙잡고 있다
한 번도 웃은 적 없는 얼굴
그 고요한 심연이
나를 밀어 올린다

나는 꽃이었다고 말하지 않겠다
나는 잎이었고,
때로는 바람을 핥던 줄기였지만
언제나 너의 그림자였다

너, 지워진 얼굴

흙에 묻힌 의지 꺾인 시간의 화석

나는 묻힌 자의 슬픔으로 피어난다

나는 뿌리의 꿈이다

너의 상처에 잇댄, 또 다른 시작

먼저 온 미래

그날 나는 아직 겪지 않은 일을
기억하고 있었다

슬픔은 이미 자라 있었고
고백은 말해지기 전부터 상처였다

먼저 온 미래는 우체통에 꽂힌 편지처럼
읽히기도 전에 지나갔다
누군가의 죽음을 그가 죽기
전부터 애도했고 떠남을
발걸음보다 먼저 용서했다

시간은 뒤에서 오지 않았다
그것은 나보다 앞에 있었고
나는 그 뒤를 뒤늦게 따라가는 자였다
사랑은 시작되기 전에 이미 끝나 있었고

우리는 다시 만나기 전부터
서로를 잃고 있었다

이제 나는 미래를 기다리지 않는다
그것은 항상 먼저 와 있다가,
우리가 깨닫기 전에 사라지는 것이므로

사람과 사람 사이 그 거리에 핀 꽃

우리는 종종
한 걸음 모자란 거리에서
서로를 바라봅니다.

너의 말이 닿기 전,
내 마음이 접히는 그 틈에
작은 꽃 한 송이 피었습니다.

침묵보다 고운 말,
외면보다 따뜻한 눈빛이
먼저 피어나는 곳.

그 꽃은 이름이 없고
향기는 조용해서
다가선 사람만이 알 수 있습니다.

서로에게 너무 가까워
상처가 되지 않도록,
너무 멀어 잊히지 않도록,

그 적당한 거리,
바람 한 점 지나는 그 자리에
꽃은 오늘도 피고 있습니다.

돌이 된 울음

너무 오래 참았더니
울음이 돌이 되었다

흐르지 못한 눈물은
눈가에 머무르지 못하고
가슴 안쪽 어딘가 서서히 굳어

말도 소리도
누구의 위로도 닿지 않는
작고 단단하고 무거운 감정 하나

이미 울음은 흐름이 아니라
형태가 되어 있었고
그 형태는 내 안에 깊게 박혀 있었다

돌은 말이 없다
돌은 시간과 함께 묻힌다

그 돌의 이름은
이름조차 부르지 못한
나의 울음이었다는 것을

그물

삶은 그물이었다

무언가를 잡으려는 의지로 시작했지만

끝내 더 많은 것들을 놓치는 방식으로 완성되었다

그물 속에는 늘

텅 빈 물살만 들었다

희미한 감촉

아직 따뜻한 부재

손끝이 기억하는 건

빠져나간 것들의 그림자였다

그래서 그는 매일 그물을 꿰매며

자기 삶을 기웠다

2부

걷지 않은 사랑은 없다

돌아서지 않은 사랑이
어디 있었던가
끝까지 함께 걷지 못했기에
사랑은 늘 돌아서야만 했다

아프지 않은 사랑이
사랑이었던 적이 있었던가

기억의 가장자리마다
잔설처럼 남은 고백이
마음의 발등을 시리게 한다

그리고 그립지 않은 사랑이
사랑이었을까
밤마다 문득 고개 드는 별 하나
이름도 잊은 그대의 눈빛과 닮았다

사랑은 결국 돌아서서 걷고
아파하고 그리워하게 되는 것
그러므로
아무 일도 없었던 사랑이 있다면
그건 아마 사랑이 아니었을 것이다

지나서야 아는 것들

꽃은 질 때
비로소 피어오르던 순간의 떨림을 안다
햇살을 삼키던 그 봄날의 숨결이
잎 끝에 매달려 울고 있을 때쯤
꽃잎은 저물며 자신이 얼마나
눈부셨는지를 깨닫는다

사랑도 그렇다
머물 때는 몰랐던 것들이
등을 돌리고 나서야 비로소 말을 건다
그 사람의 침묵이 얼마나 따뜻했는지
그 어깨가 내 울음을 얼마나 잘 받아주었는지

이별은 사랑의 끝이 아니라
사랑의 증거다
버려진 자리가 오래도록 향기롭다면
그건 진심이었단 뜻

그래서 우리는
지고 나서야 피는 법을 배우고
떠나간 자리에서야 사랑이 머물렀음을 안다

그리고 다시 꽃은 피고
사랑은 시작된다
아픔을 품은 채로 더욱 깊이

위태로운 사랑도

우리는 말이 없었다

입술 대신 등으로 서로를 밀었다

가까울수록 멀어지는 것들이

참 많았다 사랑은 늘

바닥 없는 의심 위를 걷는다

그 위태로운 걸음을

우리는 믿음이라 부르곤 했다

비가 오려는지 하늘이 무거웠다

흐린 구름 사이로 햇빛 한 줄기 내려오고

나는 문득 그대와 걷던 공원의

벤치를 떠올렸다 말없이 나눈 눈빛과

놓지 않던 손끝의 체온

하늘을 보면 사랑이 다시

처음처럼 숨을 쉰다

그러니 잊지 마,

우리가 사랑이었던 시간엔

하늘도

우리처럼 위태로웠다는 걸

소나기가 내린 호수

잔잔한 호수에
소나기 한 줄기 떨어진다

수면은 떨고
달의 얼굴이 산산이 부서진다
내 안의 고요도
동그란 파문 하나로 흩어진다

잠든 마음은 물결에 젖고
작은 흔들림이
깊은 기억을 건드린다

누구의 숨결일까
이 고요한 어둠 속에
먼 기억처럼 번지는 빗소리

나는 지금

깨진 달 조각을 줍는 중이다

가슴 속 어딘가

아직도 파문은 멈추지 않는다

들국화 차

당신이 떠난 날
집가 어귀에 핀 들국화를
조심스레 뜯어 말렸소

햇살 아래
한 잎 한 잎
당신의 숨결 같은 꽃잎들

오늘은
찻잔에 물을 붓고
그 위에 들국화를 띄웠소

물이 스미자
꽃잎이 천천히 풀리고
그날이 꿈틀거리며 피어오르오

당신의 발소리
당신의 마지막 눈빛
잔잔한 물 위로 퍼지며 되살아나오

나는 아직도
그 찻잔 앞에서
당신을 만나는 중이오

그리운 사람

누군가의
그리운 사람

어깨를 들썩이는
폭포 같은 설움이
가슴을 쓸고 내려올 때
가만히 떠오르는 그런 사람

눈물보다 먼저
생각나는 이름 하나
숨결처럼 붙어 있다가
세월 끝자락에
문득 울리는 사람

돌아서 걷던 그 뒷모습이
한 생을 다해도
지워지지 않는 사람

말없이도 위로가 되고
기억만으로 숨결이 붙잡히는
그리운 사람
그렇게, 그리운 사람

그대여!
누군가의 생의 고비에
그렇게, 그리운
한 사람 되어라.

흘러간 것들을 위하여

지나간 일들이 모두 그리운 것은
그곳에 두고 온 시선이 있었기 때문이다

눈길 한 번, 말 한마디
제대로 남기지 못한 채 돌아서야 했던

돌아갈 수 없는
안타까운 사연 하나, 둘
그 자리에 묻고 온 채
우리는 지금 여기에 있다

그래서 우리는 흐르는 강둑에 앉는다

오늘까지 데려오지 못한
찔레꽃 한 송이 하얀 향기만
바람에 남겨놓고

기적 소리 멀어지는 철둑에서
흔들리던 코스모스의 꽃잎을
조용히 떠올린다

아무 말도 묻지 않는 바람
조용히 등을 토닥이는 오후
그저 그리움이라는 말만 작게 되뇌며

달맞이꽃

달이 오르면
그녀는 조용히 피어난다
누구의 눈에도 띄지 않게
바람의 옷자락에 숨어서

그리움은 항상 밤에 자란다
말하지 못한 말들처럼
입술 끝에서 맴도는 꽃잎 하나

달빛 아래 한 순간이 전부인 듯
온 생을 다해 피고
별빛에 기대어 운다
그러나 해가 뜨면 그녀는 시들고
그리움은 다시
말 없는 뿌리로 돌아간다

사랑이란,

어쩌면 그런 것

밤이면 피고

낮이면 스러지는 일

소리 없는 강물에 앉아

외로움 뒤에
늘 그리움이 따라왔다
그 둘 사이엔
아무 말도 흐르지 않았다

다만 소리 없는 강물처럼
천천히 아무도 모르게
나를 씻기고 지나갔다

나는 그 강가에 앉아
한참을 머물렀다
돌을 던지면 울컥 터질 것 같은 물결
말을 꺼내면 무너질 것 같은 심장

그리움은 결국
돌아오지 않을 것을 기다리는 일
그래서 나는 말 대신
조용히 강을 바라본다

어쩌면 그대도 저 건너편 어디쯤
이 강을 같은 눈으로
바라보고 있을지도 모른다고

어긋나는 곳에 피는 길

사랑은, 그리움은,
항상 어긋나는 곳에 피어난다
우리는 늘 서로를 향해 걸었지만
닿기엔 반 걸음씩 어긋나 있었다

나는 네가 머무는 자리에 도착했고
너는 내가 떠난 자리에 도착했다
그렇게 사랑은 찾아가는 길이면서
찾을 수 없는 길이 되었다

그리움은 피어오른다
발길이 닿지 못한 모퉁이마다
우리의 그림자가 눕는다

같은 하늘 아래 서로 다른 계절처럼
우리는 한때 뜨거웠지만
결코 동시에 피지 못한 꽃이었다

그래서일까 지금도 가끔
다시, 어긋나는 길을 걷고 싶어진다
비틀거리더라도 그대에게 닿고 싶은
늦은 꽃잎처럼

사랑은 길을 잃는 방식으로

사랑은 때로 목적지가 아니라
길을 잃는 방식으로 피어난다
지도는 구겨진 채 주머니 속에서 잠들고
우리는 서로의 눈빛을 나침반 삼아 걷는다

이정표 없는 저녁들
우두커니 멈춰 선 가로등 아래
손을 놓을까 잡을까
머뭇거림 속에서 뿌리내리는 감정

돌아가는 길을 몰라도
한 걸음 또 한 걸음
그 사람 곁이면 어딘가 닿을 것 같아

사랑은 방향이 아니라

속도도 아니고 단지 함께 헤매는 일

어쩌면 길을 잃지 않았다면

만날 수 없었을 그런 시간 그런 얼굴

사랑은 목적 없이도 완성되는

작은 기적처럼 오늘도 길을 잃는다

만날 수 없었을 그런 시간 그런 얼굴

사랑은 목적지 없이도 완성되는

작은 기적처럼 오늘도 길을 잃는다

묻어둔 이별

가슴 깊은 곳에 묻어둔
먼 이별이 자꾸 고개를 드는 요즘
바람만 스쳐도 당신 목소리가 흩어진다

잊었다고 말했지만
그건 기억을 접어둔 것일 뿐
밤마다 펼쳐지는 꿈 속에서
당신은 여전히, 그대로다

창밖에 젖은 나뭇잎 흔들리면
그 손끝 그 미소
아무 일 없던 날의 오후가
숨결처럼 돌아온다

누가 그랬던가
시간이 지나면 아물 거라고
하지만 이별은 낙엽이 아니라
다시 자라는 뿌리였다

말하지 못한 말들이
가슴 안쪽에서 이끼처럼 돋아
오늘도 나는
당신을 한 번 더 이별하고 있다

잊히지 않는 꽃 한 송이

어느 계절에도 피지 않는 꽃이 있다
햇빛도 비도 바람도 다녀갔지만
그 꽃은 단 한 번 피고는
다시는 봉오리를 열지 않았다.

나는 그 꽃을 잊지 못한다.
그 꽃은 내가 피우지 못한 사랑처럼
마음속에 뿌리를 내렸다.

꽃잎은 찢긴 편지처럼 흩어졌고
향기는 그 사람의 마지막 말처럼
어딘가에 머물다 사라졌다

그리움은 그래서 향기에 가장 가깝다
남지 않았지만 떠나지 않은 것
아직도 그 꽃이 내 안에서
천천히 피고 있기 때문일 것이다

꽃은 어떻게 피는가

꽃은 어떻게 피는가
눈보라 속 침묵이 긴 밤을
끌어안고 내는 한 줌의 속삭임같이

살갗 아래로 피가 흐르듯
뿌리는 어둠을 통과하고
저린 바람의 발등을 밟으며
아무도 보지 않는 곳에서
천천히, 아주 천천히
자기 안의 계절을 만든다

가장 깊은 곳,
말 한마디 닿지 않는 내면의 골짜기에서
무너지고, 흔들리고,
쓸쓸히 피멍 든 자리를 지나
마침내 빛의 문을 연다

피는 일은 아프다

꽃피면 져야 하는 운명을 이미 알고 있음에도

꽃은 피어야 하므로

인간적 예수의 눈물

광야의 돌도 나를 피하고 있었다
나는 신의 아들이라 불렸지만
굶주림 앞에선 작은 아이처럼 울고 싶었다

겟세마네 그 밤, 제자들은 잠들고
기도는 돌처럼 식었다

아버지여,
이 잔을 거두어주십시오 그러나 내 뜻이 아니라
당신의 뜻대로 ─ 그 말에 묻힌 건
차마 삼키지 못한 두려움이었다

나는 알고 있었다 모든 상처는 창에 찔려야
사랑이 된다는 것을

그러나 매 맞은 그 순간에도
내 눈물은 인간의 것이었다
피보다 먼저 흘러내린 작고 투명한 눈물

십자가 위 아무 말도 못 하고 울었다
외로움이 못보다 깊게
내 살을 뚫고 있었기에

불나방

작은 날갯짓 하나,
밤의 심연을 가르며
나는 불을 향해 날아간다

어둠 속에서 가장 환한 것이
가장 따뜻한 것인 줄 알고

타오름이 곧 삶의 전부인 듯
나는 빛에 홀려 흔들린다

너무 가까이 다가간 사랑은
항상 눈부시고 항상 아프다

타서 사라지는 순간까지도
나는 후회하지 않는다
이 짧은 생에 단 한 번
빛을 품었으므로.

끝나야만 시작되는

돌아서야만 끝나는 사랑이 있다
끝나야만 시작되는 그리움이 있다

우리는 서로를 향해 걷지 않았다
그저 멈춰 선 채

서로의 뒷모습을 오래도록 응시했다
나는 네가 멀어지는 걸 미워했지만

사실 내가 미워했던 건
네 뒷모습이 아니라

내가 끝까지 걷지 못한,
그 한 걸음이었다

물의 얼굴

물이 흐른다
누구의 얼굴도 닮지 않은 얼굴로
그러나 모두의 얼굴을 품고 흘러간다

햇살을 담으면 웃음이 되고
달빛을 담으면 고요가 되며
비를 삼키면 울음이 된다

나는 한동안
물 앞에 오래 앉아 있었다
그 속에서 너를 본 적도 있고
나를 잃은 적도 있었다

물의 얼굴은 기억의 얼굴이었다
잊으려 할수록 더 선명해지는
이름 없는 감정들의 투명한 무늬

물이 울 때 나는 듣는다
말하지 못한 말들이
어떻게 파문이 되는지를

그리고 알게 된다 사람도 결국
흐르고 있다는 것을
그리움처럼, 물처럼
자신의 얼굴로 흘러가고 있다는 것을

비가 머문 자리

비가 그치고 사람이 떠난다
말은 남지 않고 물기만 남는다
이별은 언제나
젖은 자리에 엎드려 있었다

가로수 잎 끝에 매달린
하나의 물방울처럼
나는 끝내 떨어지지 못하고
그 자리를 오래 바라본다

누군가의 발자국 위에
또 다른 발자국이 겹치고
우산 아래 숨죽이던 침묵이
천천히 말라간다

비가 머문 자리는

비가 없는 자리가 아니다

흙은 기억하고 돌은 울음을 삼킨다

그리움은 늘 이런 식으로 남는다

젖은 흔적, 지워질 듯

더 짙어지는 모양으로

공원 벤치

많은 발자국이 머물다 간
공원 한편 벤치 위에
숨죽인 이야기들이 앉아 있다

누군가는 처음 손을 잡고
누군가는 마지막 손을 놓았으며
어떤 노인은
오늘도 잃어버린 시간을 세어본다

비 오는 날이면
젖은 마음도 잠시 쉬어가고
햇살 좋은 오후엔
웃음소리가 이끼처럼 눌어붙는다

기댈 어깨 없는 이들에게
등받이 되어준 나무 벤치
말없이 들려준
그날의 바람, 그날의 이야기

빈 벤치 위 해 질 녘 그림자가 길다

추락하지 않은 날개

절망조차 사라진 저녁
잠들지 않는 불빛 아래
꿈은 재처럼 흩어진다

기대도 두려움도
누군가의 퇴근 가방 속에 버려지고
물컵엔 하루 종일
미지근한 생이 식지 않는다

절망은 더 이상 오지 않는다
잃을 것도 없고
잊을 줄도 모르는 사람들

벽에는 창이 없고
창에는 하늘이 없다
나는 오늘도 묻는다
왜 아무도 추락하지 않는가

떨어질 높이조차
이미 없는 곳에서

폐점 세일

하루 끝나면 남는 건
계산서보다 무거운 침묵
간판 불빛은 저녁마다 더 빨리 꺼지고
문틈으로 스며드는
먼지마저 손님인 양 반갑다

진열대는 목이 말라
진작부터 외면당한 가격표들을 삼키고
다 팔고 싶은 건 물건이 아니라
차마 말 못 한 지난 계절들이다

'임대'라 적힌 붉은 글씨
창밖 사람들은 못 본 척 지나치고
나는 오늘도 커피포트에
끓지 않는 희망을 올려본다

버틴다는 말은
이제 구호가 아니라 형벌
가게 문은 닫았지만
문 닫은 마음은 어디다 놓나

이 밤에도
점포 하나가 사라진다
그 주인은 어디로 가야 하나
다음 주소 없는 삶은 어디로 접히나

투루카나의 아이들

강은 바닥을 드러내고
땅은 입을 벌려 울었다
갈라진 대지 위 아이들의
배가 가장 먼저 꺼졌다
배고픔은 하루 세 번,
그늘보다 먼저 찾아오고 그늘은 이곳에 없다

작은 손들은 음식을 구하기 위해
불 앞에 앉아 숯을 만든다
어른보다 먼저 타는 살갗과 목소리
불은 뜨겁고 태양은 더 뜨겁고
그들 앞의 삶은 그보다 더 뜨겁다

타는 갈증으로, 오염된 흙탕물을
꿀꺽꿀꺽 마시는 아이들
그 목마름이 지구의 폐부를 찌른다

누군가의 풍요 뒤에서 이 아이들은 타고 있다
누군가의 전력 버튼에 이 아이들의 숨이 꺼진다

그러나 그 누구도 꺼져가는 아이들의 눈을 보지 않는다
지구는 아직도 남의 일인 얼굴로 돌아간다

손톱 밑의 시절

굳은살 아래
묻어두었던 하루가
손톱 밑에서 검게 자란다

깊은 밤 등불 하나 없이도
고단한 삶은 흙을 파고들었다

그는 무너지지 않기 위해
검은 밥을 씹었고 모서리진 말들을
손끝으로 눌러 삼켰다

쇠붙이와 겨루던 날들
버스 손잡이에 매달린 눈물들
힘든 노동 현장 흔적이
작은 틈새로 숨어들어
손톱 밑 검은 선으로 드러났다

이 세상은
하얀 손을 내밀며 묻는다
"왜 아직도 지우지 못했느냐"고

돌틈에 핀 민들레처럼
더 깊이 피어 있는 그 검은 흔적을

다리를 건너는 사람들

우리는 모두
어딘가를 건너는 중이다
건너지 않으면
머무를 수 없는 자리에 서서
다리는 언제나 강 위가 아니라
우리 사이에 걸려 있었다

누군가는 물을 건너고
누군가는 시간을 건넜다
누군가는 침묵과 오해의 강을
말 없이 건넜다

다리를 건너는 발자국마다
한 시대가 흔들리고
말이 되지 못한 마음들이
발밑에서 젖는다

연결은 필연이 아니었다
그러나 우리는 건너지 않으면 안 되는
삶의 구조물 위에서 각자의 균형을 감추며
흔들리는 강 위를 걷는다

그리고 그때, 연결은 다리가 아니라
우리 안의 강을 건너는
침묵의 순간이라는 걸 문득 깨닫는다

순천만, 눈 내리는 날

눈 내리는 순천만
갈대는 하얗게 숨을 고르고
저 멀리, 고요한 수면 위로
철새들이 하나둘 날개를 편다

하늘은 그들의 비상으로 채색되고
눈발 사이로 흩날리는 깃털의 궤적은
하나의 그림이 된다

떠나는 것들이 남긴 곡선,
돌아올 것을 아는 날갯짓
그 비상은 단지 움직임이 아니라
철마다 반복되는 자연의 기도 같아서

그림자는 물에 어리고
기억은 하늘에 그려진다

순천만의 겨울은
침묵 속에서 완성된다
울지 않아도 들리는 소리
날지 않아도 아득한 그리움

눈은 내리고
철새들은 하늘을 찢고 오르고
이곳, 잠시 머문 자리마다
아름다움이 남는다

눈길 머무는 곳

눈길 머무는 곳마다
작은 꽃이 피어난다
말 없던 벽에도 숨죽인 그늘에도
햇살이 번진다

눈길 머무는 곳에서
사랑이 시작되고
이름조차 없던 시간이
서로를 부른다

그리고 발길이 닿는 곳
그 자리에 과거가 앉아 있고
현재가 숨 쉬며
미래로 가는 문이 열린다

우리는 문 앞에 선다
멈춤이 아닌 시작으로
눈빛 하나 발걸음 하나로
세상을 다시 쓴다

까치집

직선인 나무 가지를 물어와
둥근 집을 짓는 까치

날카로운 직선들을
부드럽게 구부리고
서로 기대게 하여

가족을 품는
둥근 품이 되게 한다
차가운 나무가 따뜻한 울타리가 되고
단단한 직선들은
부드러운 곡선으로 피어난다

그 작은 손짓 속에
봄이 있고 집이라는 말이 있다

까치의 둥근 집은
가장 날카로운 세상 속에서
사랑을 지키는 조용한 기적이다

달동네의 크리스마스트리

달동네 밤이 되면
집집마다 작은 창에 불이 켜진다

그 불빛들이 모여 세상에서 가장 큰
크리스마스트리가 된다

가난도, 고독도 그 불빛 앞에선
잠시 목소리를 낮춘다

누구는 라면을 끓이고
누구는 허기진 마음을 달래며
누구는 혼잣말로 하루를 정리한다

외로운 사람들은 옆집의 등불을 본다
그 불빛이 아직 꺼지지 않았다는 것에
조금 안도하며 조금 덜 외로워진다

우리는 문 앞에 선다
멈춤이 아닌 시작으로
눈빛 하나 발걸음 하나로
세상을 다시 쓴다

까치집

직선인 나무 가지를 물어와
둥근 집을 짓는 까치

날카로운 직선들을
부드럽게 구부리고
서로 기대게 하여

가족을 품는
둥근 품이 되게 한다
차가운 나무가 따뜻한 울타리가 되고
단단한 직선들은
부드러운 곡선으로 피어난다

그 작은 손짓 속에
봄이 있고 집이라는 말이 있다

까치의 둥근 집은
가장 날카로운 세상 속에서
사랑을 지키는 조용한 기적이다

달동네의 크리스마스트리

달동네 밤이 되면
집집마다 작은 창에 불이 켜진다

그 불빛들이 모여 세상에서 가장 큰
크리스마스트리가 된다

가난도, 고독도 그 불빛 앞에선
잠시 목소리를 낮춘다

누구는 라면을 끓이고
누구는 허기진 마음을 달래며
누구는 혼잣말로 하루를 정리한다

외로운 사람들은 옆집의 등불을 본다
그 불빛이 아직 꺼지지 않았다는 것에
조금 안도하며 조금 덜 외로워진다

그렇게 말 한마디 없어도
등불은 서로의 마음을 안아준다

달빛보다 따뜻한 그 불빛 아래
작은 트리처럼 반짝이는 삶이 있다

늪 위에

절망보다 더 깊은
포기의 늪이 있다

말도 생각도
더 이상 가닿지 않는 곳

그곳은 무릎이 잠기고
의지도 떠내려가는 장소

그러나 그 늪 위에는
바람이 분다
한 줄기 지나가는 바람이

그리고
새들이 날아간다
깃털은 젖지 않고
하늘은 젖은 땅 위로 열린다

나는 안다
가라앉지 않는 것들이
끝끝내 남아 있다는 걸

빈 기둥에 깃든 노래

느티나무 기둥은
오랜 세월을 견디다 썩어
허공 한편 빈 공간이 되었다

그 빈자리에
새들이 하나둘 집을 짓고
날갯짓으로 낡은 나무를 다시 살린다
바람은 그 쉼터에 멈춰
숨을 고르고 세상의 소리를 듣는다

썩음은 끝이 아니라
새로움의 문이고
빈 곳은 다시 채워질 약속이다

느티나무는 자신의 몸 안에

생명의 무게를 품고

조용히 바람에게 말을 건넨다

"여기, 쉬어도 좋다"

이제 신발을 벗을 때

이제 신발을 벗을 때다
달빛도 따라 벗고
긴 그림자도 발등에 기대고
먼 길을 걸은 발바닥엔
한 줄기 강이 흘러 있다

지워지지 않는 먼지와
낡은 시간의 주름들
나는 걸어온 만큼의 나를 벗는다
슬픔을 담은 진흙도 함께 벗는다

맨발로 풀잎을 밟고
어둠의 이슬 위를 걷는다

이제는 뿌리처럼
조용히 머무를 때다
걷지 않아도 가닿는 마음이 있다
말하지 않아도 들리는 바람이 있다

신발을 벗고
나는 나에게 돌아간다.

파도를 삼킨 섬은

파도를 삼킨 섬은
이제 파도를 바라본다
부서져 들어오던 너의 말들
가장 깊은 모래 속으로 잠겨 있다

너는 수없이 밀려왔고
나는 수없이 버텼다
끝내 너는 내 안을 깎아
작은 만(灣) 하나를 만들었다

나는 너를 삼켰고
그래서 더는 너를 담을 수 없다
너의 울음은 내 침묵 속에서
소금처럼 굳어갔다

지금 나는 그저

저 멀리 부서지는 너를

물끄러미 바라볼 뿐

더는 닿지 못한다는 사실이

닿는 것보다 더 깊게 스민다

이제야 알겠다

사랑은 삼키는 것이 아니라

바라보는 것이었다는 걸

끝내 떠난 것들만이

파도처럼 돌아온다는 걸

마포대교에서

진눈깨비가 내리던 어느 겨울날
마포대교를 건너다 주인 없는
국화꽃 한 다발이 다리 난간을 붙잡고
처연하게 매달려 있는 것을 보았다 그 위에
물음표처럼 생명의 전화가 있었다

수많은 사연이 모여 흐르는 한강

시작과 끝이 맞잡은 허공중의 길목에서 그는
그 어떤 말 못 할 사연을 지우려고
눈물처럼 떨어져 흘러갔을까

시작에서 끝으로 끝에서 시작으로 이어진
생의 다리에 멈춰 서서
그 어떤 사연으로 가슴 깊은 곳에 흐르는
슬픔의 강을 건너지 못하고 차디찬 강이 되었을까

하늘을 나는 새들도 슬픔은 날개임을 알지만
날개의 무게를 애써 견디고 살아가는데
어떤 슬픔이기에 그 무게를 못 견디고
꽃잎처럼 떨어졌을까

캄캄한 절망의 난간 앞에 선 그대여!
우리는 언제나 봄을 기다리며 살아가는데
겨울은 길고 더딘 봄은 아프기만 하더라
아! 마지막 그 순간, 차라리 뭉크의 절규를 붙잡고
세상 무너지라 소리쳐 통곡이라도 했더라면….

수많은 사연이 모여 흐르는 한강은 말없이 흐르는데

섬달천(㿋川島)

살다가 그리움이 허기질 때
사람들은 섬달천을 찾는다
달빛으로 다리 놓은 달천교를 지나
섬달천에 이르면 여자만 푸른 물결이
찾는 이를 안아주는 곳

살다가 가슴에 잊고 싶은 기억을
가진 사람들은 섬달천을 찾는다
섬달천 가사리 방조제에 앉아 여자도와
멀리 팔영산 사이로 지는
붉은 노을에 아픈 기억을 떠나보내는 곳

살다가 기쁜 일이 있는
사람들은 섬달천을 찾는다
여자만 너른 물길에 기쁜 일을 전하고
물새들의 축하 받는 곳

그래서 섬달천은

달이 뜨면 섬과 달은 하나 되어

별 같은 사람들이 찾아와 빛나는 섬이다

모리셔스(Mauritius)섬으로 오세요

이곳은 옷도 집도 필요 없는 먹을 것이 지천으로 깔린
인도양 모리셔스(Mauritius)섬입니다
게으르고 일하기 싫은 사람은 몸만 오세요

하지만 이곳의 규칙을 꼭 지키고 교육을 받아야 합니다

일주일에 한 번씩
메기가 있는 갈대밭에서 미꾸라지가 되어 살아보는 놀이를 해야 합니다
천적인 메기에게 먹히지 않기 위해 갈대 사이를 메기보다 더 빠르게 달아나서 건강하게 살아내야 해요

일주일에 두 번씩은 날아오는 화살을 향해 걸어가 화살을 피하는 훈련도 해야 합니다

그리고 한 달에 한 번씩은 외적이 없고 식량이 풍부해 태평성대를 누리다가 어느 날 지구상에 사라진 마야 문명에 관해 공부해야 합니다

마지막으로 한 달에 한 번씩 천적이 없어 멸종된 도도새를 생각하면서
도도새 탈을 쓰고 그를 위한 추도식을 해야 합니다
왜냐하면 그는 이곳 모리셔스섬의 원주민이었기 때문이지요

직업이 없이 굶주리고 게으른 사람들은 모두 오세요
이곳 모리셔스섬에서는 언제나 당신들을 환영합니다
참! 교육은 카멜레온 교관과 도마뱀 교관이 맡아 진행할 것이며
교육을 통과하지 못한 분은 추방합니다

끝으로 산고를 이겨내고 새 생명을 탄생시킨 여성분은 우대합니다

아프리카의 시간

치타는 폭풍처럼 달린다
단 2초의 폭발력으로 땅을 가르며
그러나 300미터의 한계를 품고 달린다

길고 느린 사슴이
그를 비웃듯 멀어질 때도 있다
패배는 없다
그저 순간의 폭발력과
끝없는 수평선 위의 기다림으로

아프리카의 시간은
오르막도 내리막도 없는 평평한 바다
치타도 사슴도
끝없이 밀고 당기며
그곳에 머문다
아프리카의 생은 수평이기에

4부

겨울 새

잎 진 가지 끝에
혼자 남은 깃털 하나

겨울은 날개를 묻고
바람은 둥지를 잃은 듯 운다

한때는 하늘도 그를 기억했으나
지금은 구름조차 머물지 않는 오후

배고픔보다 더한 건
누군가를 기다리는 일

얼어붙은 연못가
자신의 그림자 위에 앉아
날아간다는 것이
끝내 어디로 가는지를 묻는다

깃 속에 숨긴 따뜻한 노래도
하얗게 사라지는 눈발 속에서
차마 부르지 못한 채 입을 다문다

그래도 겨울은
그를 새라 부른다

얼굴 없는 사람들

그들은 출근길 지하철 손잡이 아래
먼지를 닦고, 배달 오토바이 뒤에
속도로 지워진다

이름은 있지만 불리지 않고
얼굴은 있으나 기억되지 않는다
아파트 창 틈 사이 식은 도시락처럼 놓여
퇴근하는 밤이면 불 꺼진 골목으로 스며든다

누구의 어깨에도 기대지 못하고
뉴스에도 실리지 못하는 사람들
그들은 웃는다 목소리를 내지 않고
눈빛으로 서로를 안다
비 오는 날, 맨발로 마른 우산을 접는다

그들의 얼굴은 지워진 지문처럼
공중에 떠 있다 그러나 손을 뻗어도
잡히지 않는다

세상은 얼굴 있는 자들의 축제로
가면무도회처럼 흘러가고
그들은 무대 뒤,
검은 옷을 입고 조명을 건다

나무의 외침

나는
나답게 생겼다

너는 나를 재단하려 한다
가위질로
가지의 방향을 정하고
잎의 크기를 재고
꽃 피울 때를 조절하려 한다

그러나 나는 바람을 따라
엉켜 자라고 햇빛을 좇아
삐뚤게 몸을 틀며
내 방식대로 살아왔다

나무의 외침은
정원사의 가위를 거부한다

나는 장식물이 아니다
나는 기획된 풍경의 일부가 아니다
나는 살아 있는 고유한 혼란이다

개 짖는 사회

개가 짖는다
어둠을 보고
낯선 사람을 보고
때론
자기 그림자에도 짖는다

울타리 너머로
서로를 향해 이빨을 드러내며
먼저 짖는 쪽이
이긴다고 믿는 세상

짖지 않으면
두려워 보일까 봐
약한 모습 들킬까 봐
하울링처럼 울음도 삼킨다

짖는 소리 뒤엔
말 없는 진실이 있다
몸을 낮춘 상처,
꼬리를 내린 외로움

이 사회는
짖어야 살아남는다
그래서 모두 개가 되었다
말 대신, 짖는다

제로섬

누군가 웃을 때
누군가는 울고
한 줌의 빛이 비추는 동안
그늘은 더 짙어진다

빼앗지 않으면 버려지는 세상
더 가지려 손을 뻗다
서로의 목을 쥐게 되는 운명

밥 한 그릇 앞에 사랑보다 먼저
계산이 오가고 온기보다 빠르게
눈빛이 닫힌다

너의 몫이 곧 나의 결핍이 되는
이 기울어진 저울 위에
사람들은 이름 없이 산다

그럼에도, 누군가는
나누면 남는 마음을
가슴에 품고 살아간다

제로섬 그 너머
작은 여백을 향해
희망은 조용히 걸어간다

가장 낮은 사랑으로

햇빛조차 더디게 머무는
그늘진 돌 틈 사이
이름도 모를 작은 꽃이 핀다

누구의 눈길에도 닿지 않고
누구의 칭송도 듣지 못한 채
그저 거기, 조용히 존재하는 것

세상은 높은 것을 사랑하지만
이 꽃은 가장 낮은 곳에서
말없는 사랑으로 피어난다

짓밟혀도 향기를 남기고
비에 젖어도 고개를 든다
울음 같은 웃음으로
한 점의 색이 되어 세상을 채운다

아무도 보지 않아도,
누군가를 위해 피는 것이 아니라도
그저 피는 것
그것이 사랑일 때가 있다

가장 낮은 사랑으로 피는 꽃은
지지 않는다
다만, 더 깊이 사람의 마음을 흔든다

사막에 핀 민들레

모래는 말이 없었다
바람만이 길을 만들던 곳

그 척박한 침묵 위에
너는 피었다

노란 숨 하나
모래 속에 심은 생의 기도

물도 없고
그늘도 없고
아무도 눈길 주지 않았건만

불볕을 견디고
고요를 품고
작은 잎으로 하늘을 올려다본다

피어 있으므로
살아 있으므로
이 세상에 대한 작고 단단한 대답으로

자소상

굽은 골목길 끝
햇살도 한 번은 쉬어가는
가파른 산길이 있다

그 길을 오르다 숨 고르며
허기진 밥통을 끌어안고
돌아오지 않는 저녁을 기다렸다

식지 않은 마음 하나
고슬고슬 퍼올리다
혼자 남겨진 그릇 같은 날들

그리움은
밥풀처럼 붙어 떨어지지 않고
외로움은 숟가락 자국처럼 남는다

나는 이마 주름 사이로

새어 나온 시간과 말라붙은 눈빛으로

자소상을 빚는다

말 대신 숨 대신

돌처럼 굳은 침묵 하나

입가에 얹어두고

하늘 한 조각

하늘은 언제부턴가
창살 너머 조각이 되었다

벽이 허공을 막고
이름 모를 새 한 마리
철창 위로 스쳐간 곳

하루에 단 한 번
단 40분 동안만
푸른 하늘이 허용되는 곳

저건 누구의 하늘일까
너의 눈을 잠시 빌려 간
바람은 왜 이렇게 조용할까
침묵의 시간은 너를 가둔다

그래도 수형자는
저 작은 파란 틈을 붙잡고
오늘을 넘긴다

슬프다고 말하지 않는다
억울하다고 소리치지 않는다
그저,
하늘을 다시 온전히
가슴에 넣는 그날까지

비의 체포

소낙비가 쏟아지는
한밤중 해변에서
나는 껍질 벗은 나목이 되어
빗속을 달리고 싶다

비명을 삼켜둔
젖은 들길을 지나
세상을 향해 소리 지르며

나는 나를 벗고 싶다
저 구름 아래 흩어진
울음과 함께 달리고 싶다

세상은 나를 체포하라
빗물처럼 흔들리는 나를
젖은 자유를 입은 나를

어디에도 머물지 않은

비에 젖은 나를 체포하라

만인의 입술로

한 장, 또 한 장
굽은 등을 세우고 써 내려간다
침묵으로 찍은 지장 위
떨리는 목소리가 번져간다

우리는 묻지 않았다
누가 먼저 피 흘렸는지
누가 먼저 총구를 겨누었는지
다만, 이 피가 누구의 것인지 알고 있었다

도적이 왕이 되어
거짓을 헌법처럼 외울 때
민심은 바람처럼 흩날리며
만인소 한 귀퉁이에 모였다

모여든 사람들은
밤새 광장에 등불을 켜고
내란의 수괴에게 묻는다
당신의 권력은 어디서 왔는가

우리는 무장하지 않았다
실과 기억 하나로 그저 사람답게
살고 싶다는 눈물 하나로

그대를 체포하노라
만인의 입술로
만인의 심장으로

탄환의 고향

누군가의 가슴을 관통한
탄환 하나가
지금, 조용히 돌아간다
자신이 태어난 고향으로

그곳은 어둡고 뜨거웠다
화약 냄새와 검은 손들의 언어로
몸을 지어냈다

그는 아무것도 묻지 않았다
어디로 쏘아야 할지
누구를 향해야 할지
그저 주어진 방향에 따라
파괴되었다

탄환의 고향은 사람의 뼛속에 있다
죽음을 만드는 손도 삶을 그리워하는 손도
같은 흙에서 태어난다

그는 울지 않았다
다만 마지막 속도로 날아가
자신이 떠나온 그 어둠을 관통했다

혀 아래에 검은 깃발

입은 다물었지만 목구멍 뒤쪽에서
누군가 매일 죽었다
담벼락엔 총알 구멍보다 작은 기억이
피처럼 번져 있었다

광장의 말들은 사라지고 귀밑에
오래된 방송국 전파만이 떠돌았다
슬픔은 국립묘지보다 얇고
국립국어사전보다 무거웠다

그는 눈이 없는 얼굴로 울었고
눈물은 돌계단 아래로 너울처럼 퍼졌다
누가 진실을 묻거든 혀를 보여주었다

혀 아래엔 검은 깃발 하나 구겨져 있었다
그날 이후 단어는 모두 체포되었다
말이 시작되는 자리마다 총성이 들렸다

지리산 고사목 (枯死木)

말이 없는 나무가
천년의 바람을 품고 서 있다

가지 끝은 이미 말라
하늘을 가리키는 뼈가 되었고
줄기는 균열마다 시간이 박혀 있다

죽었으되 떠나지 않은 생, 고사목 하나

언제부턴가 잎 대신 침묵을 달고
새의 둥지 대신 바람의 쉼터가 되었다

누군가는 죽은 나무라고 말한다
그러나 그 나무는 한 생의 끝에서
산의 기억을 붙잡고 있다

저 껍질 아래 마디마디 얽힌 풍경
지나간 봄, 불탄 여름,
눈 속에서 자라난 어린 짐승들

죽음과 삶이 한 몸처럼 얽혀
오늘도 산을 지킨다

넋풀이

흰 수건이 하늘을 적신다
매듭마다 사십 년의 울음이 묻어 있다

발끝이 땅을 어루만질 때
총성은 먼 풀잎의 떨림이 되고
무등 아래 붉게 젖은 이름들이
바람결에 하나둘 풀려난다

너는 춤춘다
당신의 숨을 이어받아
이 허공에 꽃잎처럼 뿌리며

오늘, 이 살풀이의 소매 속에서
묻힌 넋들이
잠시 웃는다
잠시, 집으로 돌아온다

돌아보면 산이 있다

누구나 떠나오고 나서야
산을 본다
품었던 것을 뒤늦게 알면서

떠날 수 없는 이들과
떠났어야 했던 이들 사이
지리산은 여전히 거기 있다

지리산 아래
국밥 한 그릇에 말없이 흘러내리는 눈물
구례장터에는
아직도 말을 아끼는 노인이 있다

몸의 기울기로 말하다
공옥진의 병신춤에 대하여

절룩이는 다리 비틀린 허리
뒤틀린 몸짓이 웃음을 훔칠 때
누군가는 깔깔댔고
누군가는 울음을 삼켰다
그녀는 말이 없었다
말 대신 삐걱이는 뼈마디로
세상을 흉내냈다 비뚤어진 것이 아니라
세상이 원래 그렇게 서 있었던 것
병신춤이라 불렸지만
춤추지 않는 자들이 더 어색했다
몸이 정상이라 믿는 자들이
가장 비정상인 시대였기에
그녀의 무대는 들판이고 장터이고 골방이었다
군상들은 거기서 자기 얼굴을 마주했고

웃다 문득 멈춰 입을 다물고 고개를 떨궜다

웃긴 게 아니라 슬펐기 때문에

슬픈데도 웃을 수밖에 없었기 때문에

병신춤은 비정상이란 이름을 빌린

정상성의 해체 쇼였고

그녀는 무대 위에서

인간을 벗기고 있었다

가면도 벗고 거들먹도 벗고

무엇보다 자기 연민까지 벗긴 후에야

춤은 끝났다

떠도는 바람의 섬

맨발로 끌려갔던 북촌리 일주도로 길섶에는
여명의 얼굴 같은 돌담들이 서 있다

뜨거운 분노가 돌이 된 제주의 돌담은
입을 틀어막고 숨죽여 울었던 울음이 흘러가도록
돌담 안에 쓰러진 피 묻은 비명이 흘러가도록
떠도는 바람을 잡지 않는다

얼기설기 쌓아 올린 돌담 사이사이
절규 같은 구멍들은
슬픔이 흐르는 눈물의 길이요
떠났던 혼백이 찾아오는 길이며
이름 없이 떠도는 바람의 길이다

많은 죽음을 보아버린 기억의 눈동자

자식 잃은 어멍처럼 서 있는 돌담은

오늘도 비를 맞으며 비에 젖지 않고

갈 곳 잃은 서러운 바람에게 젖을 물리고 있다

*제주4.3 희생자의 넋을 위로합니다.

끝나지 않은 이별

세월이 흘러도
시간의 더께가 쌓여도
지워지지 않은 이름들이 있습니다

모진 비바람 불어
무참히 슬어졌지만
이 땅에 잠들어 이별을 고하지 않은
지지 않은 꽃들이 있습니다

못다 부른 노래 지금도 절절한데
말 없는 무덤 위에 떨어지는
10월의 동백꽃을
차마 이별이라 말하지 말자

그대는 우리 곁을 떠났지만
이별은 또 하나의 슬픔의 원천이기에
보내지 못한 우리 가슴에
끝나지 않은 이별로 남아 있습니다

지리산에 흐르는 또 하나의 계절

지리산을 감아 흐르는 섬진강에는
바다로 나갔던 황어가 매화꽃 따라
새로운 생명을 산란하기 위해
섬진강을 힘차게 거슬러 오르는데

그해 시월 여순지역에서 발생한
쫓는 자와 쫓기는 자는 평화롭고 고요했던
지리산 문수골에서 이념의 늪에 빠져
피의 능선을 넘지 못한 채
사람의 문턱을 넘어 사람 밖으로 사라졌다

사계절은 모두 비명에 잘려 나가고
진달래 피는 봄 사월 문수골 깊은 골에
굶주린 배를 채우기 위해
진달래의 붉은 꽃잎 볼이 붉어지도록 따먹고
죽은 자의 입술에 묻은 밥알까지 거둬 먹다가

뼛골까지 시린 문수골 찬바람과 골안개 속에
상고대 핀 진달래꽃은 차마 먹지 못하고
소복 입은 진달래 앞에
울고 있었던 당신들은 누구입니까

산짐승 되어 목숨까지 버리고
이념이란 돌덩이를 품고 부화를 기다렸던
다시 못 온 당신들은 누구입니까

죽은 그들의 무덤 위에
내린 눈은 모두 백설이었기에
모진 비와 짙은 안개 속에서도
문수골 진달래는 다시 피어나고

새로운 생명을 품은 섬진강은
바다를 향해 미래로 흘러가고

지리산에는 또 하나의 계절
사랑과 평화의 계절이 흐르고 있다

되돌아오는 소리

　비천상의 옷자락을 타고 종소리는 하늘로 올랐다 그 소리는 산에 부딪혀 들로 굴러가고 들에서 식은 바람을 타고 사람들의 가슴에 닿았다 누군가는 가만히 숨을 멈췄고 누군가는 눈을 감았다 종소리는 그들에게 말을 걸지 않았다 다만, 묻고 지나갔다
　소리는 닿는 것이 아니라 스며드는 것이며 떠나는 것이 아니라 돌아오는 것이다 그렇게 멀리 흩어진 울림이 다시 모여 종 속으로 되돌아왔다 부딪히고 머물렀던 모든 떨림을 품고
　종소리는 되돌아온 무지갯빛 소리로 완성된다 처음의 울림은 시작이었고 되돌아온 떨림은 대답이었다가 공기가, 시간의 진동이, 몸이, 가슴이, 모두 하나의 공명 안에서 제 목소리를 찾는다
　우리는 그 소리를 들은 것이 아니라 그 소리에 닿았던 것이다

5부

둥근 사각형

나는 둥근 사각형이다
모서리를 꺾이며 원을 그리는 존재

부드러워야 했고 단단해야 했다
흘러야 했고 멈춰 있어야 했다

사회는 나에게 선을 긋고
모서리를 요구했고
나는 그것을 매끄럽게 둥글게 견뎠다

사랑은 나를 깎아내며 재단했고
진실은 늘 형태를 의심했다

나는 지금도
모난 마음을 둥글게 말아
타인의 기준에 맞춰 살아가고
내 안의 곡선을 계속 숨기고 있다

그러나

어느 날 문득

거울 속 나를 보며 깨달았다

둥근 사각형, 그것은 나였다

질문은 살아 있고, 답은 죽는다

태어남은 하나의 물음이다
"왜 나는 여기 있는가"

숨을 쉴 때마다 질문은 늘어난다
빛은 어디서 시작되었는가
사랑은 끝이 있는가
고통은 누구의 것인가

세상은 대답하지 않는다
가끔, 새벽이 흐느낄 뿐
돌멩이는 침묵하고 신은 외출 중이다

나는 확신 대신 물음을 품고
정답 없는 삶의 문장 끝에서
쉼표처럼 흔들린다

살아간다는 건
지워지지 않는 질문 하나를
가슴에 넣고 걷는 일

죽음은, 그 질문을 접어 넣는 마지막 동작
그러나 답은 끝내 오지 않는다

그러니 살아 있는 한,
나는 묻는다 나는 누구인가
그리고, 정말 누구였던가.

빗물이 되고 싶다

빗방울처럼 늙고 싶다
조용히, 소리 없이 떨어져
땅에 스며드는 삶

높은 데서 왔으되
낮은 곳을 찾아 흘러가고 또 흘러가는
겸손한 투명

이파리 끝에서 멈춰
작은 숨결에 젖어들고
말없이 목마른 뿌리를 안아주는
그런 따뜻한 사라짐

바람에 휘어지는 풀잎에게
잠깐의 위로가 되고
누군가의 생에
작은 젖음이 되어도 좋으리

흙이 되고, 샘이 되고
마침내는 강이 되어
멀리, 바다로 이르는 길

나는 그 모든 흐름을 품고
한 방울 빗물이 되고 싶다
세상의 어느 낮은 곳으로 닿기 위하여

백지 위의 새

시인은 날지 못하는 새 한 마리를
백지 위에 꼭 안고 있다

깃털 하나 펴지 못한 문장은
부리를 다물고 운 것도 없이
한 줄도 날아오르지 못하고

종이 위에 내리는 건
말이 아니라
말이 되지 못한 날개의 떨림이었다

어둠은 창백했고
시인은 하얗게 밤을 태운다
불붙지 않은 단어들을 품고

시는 아직

첫 자도 쓰지 못한 새의 울음 속에서

가슴 속에서만

날고 싶은 새의 그림자를 닮고

그리고 새는 끝내 날지도 못한 채

그의 침묵 안에서 깃들고 있다

다움

꽃은 꽃다울 때 피고
물은 물다울 때 흐른다
그대여, 그대다울 때 가장 빛난다

억지로 빛을 흉내 내지 않아도
바람은 바람다워서 자유롭고
구름은 구름다워서 가볍다

누구의 틀에도 갇히지 않고
자기 몸에 딱 맞는 목소리로
조용히 세상을 걷는 일

그건 참 아름다운 일이다
흉내 내려 애쓰지 말고
그저 당신답게 그 길을 걸으라

다움이란

있는 그대로 살아내는

가장 깊은 詩의 한 줄이니

바람 부는 날, 나는

바람 부는 날 나는 길을 잃고
미아가 되고 싶다
지도도 없이 목적지도 없이
그저 발끝이 향하는 대로 헤매고 싶다

이름도 주소도 잊은 채
거리의 끝에서
누군가의 기억도 아닌 채로
가벼워지고 싶다

그리고 어디에 있는지 모르는
그 바다를 향해 나는 걷고 또 걷는다
파도 소리가 들릴 때까지
내 안의 울음이 물결처럼 밀려올 때까지

그 바다 누군가의 품이 아니라
나조차 알지 못한 나를
품어줄 수 있는 곳이면 좋겠다

바람 부는 날 나는 길을 잃고 싶다
그래야 비로소
어디에도 속하지 않은 내가
처음으로
어디인가에 닿을 수 있을 것 같아서

환상통의 날개

나는 날개를 달았다
없어진 몸에서 자라난 허상의 깃털
바람을 갈망하며 펄럭이지만
손에 잡히지 않는 무게를 안고

환상통처럼 아리는 그리움
잃어버린 날갯짓은 고통이 되어
내 안에 무수한 갈닐로 꽂혀 있다

나는 날고 싶다
허공 속으로 무한한 푸름으로
그러나 날개는 무겁고
내 심장은 추락을 향해 박동한다

끝없이 떨어지는 인간
원초적 부조리 속에서
희망과 절망이 뒤엉킨 몸짓
그 속에서 나는

끊임없이 다시 날개를 펼친다
부서진 꿈의 조각들이 바람에 흩날리지만
나는 다시 날고 싶다
추락과 비상의 경계에서

나를 끝없이 번역하며

우리는 다시 잎이 된다

우리는 힘든 길을 걸어갑니다
등 뒤로 바람은 자꾸 과거를 밀어넣고
발밑은 자주 꺼지며
희망마저 뿌리째 흔들립니다
겨울나무처럼
우리도 한때 모든 것을 잃고
하늘을 향해 맨몸으로 서 있었습니다
눈보라가 지나가고, 말 없는 밤이 지나가도
우리는 말하지 않았습니다
그러나 어느 날
침묵 속 가지 하나에
작은 연둣빛, 그것은 기다림이 아니라
견딤의 선물이었습니다
우리는 압니다
쓰러지지 않으면 피어난다는 것을

버텨낸 고요가 꽃보다 먼저 온다는 것을
그러니 오늘도
눈 속을 걸어가는 당신의 어깨 위로
보이지 않는 잎 하나,
조용히 돋고 있을지도 모릅니다

와온 해변 해 질 녘

해 질 녘 와온 해변으로 오라
너를 보내고 울어버린
붉은 눈처럼 바다가 붉게 운다

말 없는 물결은 그날의 작별을 닮았고
나는 너를 보내던 순간을 지금도 걷는다

노을이 피 흘리듯
물 위에 젖어 있을 때면
내 눈은 또다시 붉은 울음을 삼킨다

저 바다의 끝에
너의 마지막 뒷모습이 있다면
나는 이 해안선 끝에서
끝내 떠나지 못할 것이다

파도는 지워지고

나는 지워지지 않는 기억 속에

와온 해변을 걷는다

인동초

가장 추운 날,
땅속 깊이 고개를 숙인 꽃 한 송이

바람은 말없이 스쳐가고
햇빛조차 외면한 담벼락 아래서
그는 피었다

"누가 나를 기억하라"
말하지 않아도
그 몸짓 하나로 울리는 생의 목소리
상처의 뿌리를 품고
얼음장 밑에서 꽃이 된

고요하되 꺾이지 말라고
아프되 아름다움을 잃지 말라고
피어 있으라, 누가 보지 않아도

이기는 것이 아니라

버티는 것,

무너지지 않는 것,

그것이 봄이라는 걸

따오기 소리를 찾아서

어느 날 새벽
안개는 흰 깃털처럼 내려앉고
나는 바람의 발소리를 따라 걷는다

사라졌다는 소문을 들었다
오래전부터, 그 울음은 멸종되었다고
그런데 왜 나는 그 목소리를 기억하는가

쇠붙이로 덮인 도시의 가슴
이름 없는 철탑 위에
한 마리 흰 점이 내려앉았다

귓속을 긁는 침묵 너머
나는 분명 들었다
짧은 듯 길게 울리는
그 날 것의 울음을

그것은 생이 되기 전의 울음
언어 이전의 詩
희미하게 그 음이 내려앉는다
하늘을 버린 새의 노래가

이 세상 어딘가, 숨죽인 습지
폐허 같은 들판을 지나
언젠가 그 울음에 다가갈 수 있을까
나도 다시 울 수 있을까
이름도, 깃털도 잊은 채

홀로된 것을

저녁이 지고 난 뒤
텅 빈 찻잔을 마주 앉은 바람이 있다

말없이 등을 돌린 그림자도
네 곁을 떠난 것이 아니다

달빛은 언제나 혼자 피어나
모든 밤의 이마를 쓰다듬는다

새벽 들꽃도 외로이 피지만
그 향기는 숲을 채우고

홀로인 나무는 뿌리를 깊이 내려
아무 말 없이 하늘을 이룬다

너의 고요에 깃든 떨림을 보아라
그건 끝이 아니라, 시작이었다

슬퍼하지 마라
홀로된 것을, 사라진
너라는 존재로 돌아오는 길이다

회전목마

빛바랜 음악에 맞춰
나무말은 끝없이 돌고,

회전목마는 시간을 돌린다
잃어버린 오후와,
다시 오지 않을 저녁을
동그랗게 감고 되감는다

어릴 적 꿈은
한 바퀴 돌고 돌아
다시 제자리로 돌아왔지만
멈추면 무너질지도 모르는
자신만의 속도로

세상은 멀어지고 바람은 멈췄지만
그들은 여전히 멈출 수 없는 이유로
돌고 또 도는 중이다

아무도 내리지 않는
회전목마 위에서 누군가는 끝내
세상을 건넌다

가슴속 무지개

누구나 가슴에 하나쯤
무지개를 품고 산다

어떤 이는
이별 뒤에 피어난
연보랏빛 그리움을 품고

어떤 이는
기다림의 노란 햇살을
조용히 껴안는다

울음을 꾹 참고 걷던 날엔
회색 속에 숨은 푸른빛이
살며시 떠오르고

눈빛 하나에 위로받던 저녁엔
분홍처럼 따뜻한
사람의 체온이 번진다

그렇게, 우리의 무지개는
모두 다른 색으로 빛나고

서로의 마음을 건널 땐
그 색들이 겹쳐 세상은 더
아름다워진다

반딧불이

허공이 낯설다
한 줄의 빛을 따라 날아온 밤

날갯짓 한 번이 죄가 되어
실핏줄 같은 그물에
生이 걸렸다

도망치러 몸부림칠수록
더 조여오는 적막
거미의 발소리조차 들리지 않는
침묵의 심연

나는 숨결에 불을 단다
꼬리에 불을 켠다
작은 희망이거나
작은 울음이거나

이 어둠의 허공에서
나는 아직
빛으로 살아 있으려 한다
生에 불을 달고

봄은 가출 중이다

봄은 그냥 오지 않는다
봄은 고개 넘어 보이지 않은 먼 곳에
가출 중이다

눈보라 치는 추운 겨울
추위에 떨고 있는 노숙인에게
자신이 입고 있던 패딩을 벗어 입혀준
따뜻한 남자의 모습에서

폐지 줍는 노인네의 리어카를 밀어주는
휴가 나온 군인의 팔뚝에서

무료 급식소 따뜻한 국자에서

가출 중인 봄은

천의 얼굴을 가지고 항상 문밖에 있다

목마른 대지에 단비를 뿌리고

염전에는 지금

출렁거리며 살아왔던 바다 한 조각
파도를 잃고 사각 다비 대에 누워 있다

몸이 뒤집히고 바람과 몸을 섞으면서
흘러가는 구름과 새들이 지켜보는 가운데
바람의 염불 소리 속에 하얀 다비식을 치르고 있다

안고 있던 하늘과 바람과 새들의 노랫소리
모두 놓아 주고 이글거리는 태양 아래
남은 물의 껍질을 벗고 말리면서
세상을 썩지 않게 하라는 열반송을 남기고
눈시울 붉히는 물새들의 조가 속에

쪼개지고 부서지면서 출렁거렸던 파도는 사라지고
하얀 사리 남기고 바다는 원적에 들었다

파도는 또 온다

저 먼 수평선 끝에서
숨결 같은 물비늘,
파도가 숨죽여 다가온다

그는 기다린다
밀려오는 실패를 다시 타기 위해
오늘도 그는
넘어지고, 젖고, 기다린다

파도는 또 온다
기다림은 파도를 불러오고
그는 파도보다 먼저,
다시 일어난다

파란 나비의 꿈

(윤동주 시인을 기리며)

말과 글이 죽은 시대

당신이 살고 간 어두운 결빙(結氷)의 시대를 생각합니다

당신이 살다 간 멈춰버린 시간의 벽 앞에서

몸을 빼앗기면서도 혼을 잃지 않았던

당신의 위대한 고통과 소리 없는 함성을 새기면서

진월면 망덕 포구 바닷가를 걷습니다

8월의 시원한 소낙비는 기어이 해빙(解氷)을 가셔오고

울음 대신 비상을 노래하는 파도 소리 들으며

망덕 포구 마룻장 밑 항아리 속에서

아픈 세월을 견딘 당신의 19편의 시편은

어느 날 돌덩이 같은 캄캄한 어둠을 헤치고

사랑을 포기하지 않는 파란 장미처럼

파란 나비로 우리 앞에 날아올랐습니다

얼음 속에 핀 한 떨기 향기로운 꽃!
당신을 만나는 것은 백조의 마지막 울음 같은
슬픔과 기쁨을 같이하는 시간

당신이 가고 없는 빈 뜰에서
하늘과 바람과 별이 흐르다 멈춘 당신의 마침표에
늘 푸른 기억의 나무를 심습니다

오늘도 망덕 포구 잔물결은 파란 나비의 비상을 노래하고
우리는 당신이 두고 간 사랑과 평화의
시간(詩間)을 걸어갑니다

서춘성 평설

역사의 증언과 아름다운 서정

김우종 金宇鐘

1. 서춘성의 독보적 위상

2021년의 시집 『슬픔은 날개로부터』의 평설 말미에서 나는 서춘성을 군계일학에 비유했다. 군계(群鷄)는 다수이고 일학(一鶴)은 그 속의 한 마리 두루미 같은 고고한 시인을 말한다. 여기서 말하는 군계는 1930년대 초부터 일제의 억압으로 형성된 항복문서 같은 문학론의 유파를 지칭한다.

그 문학은 파시스트에 대한 항복문서 형태이고 일본문단도 함께 그 폭력에서 떨고 있던 시대의 문학을 '전향문학'이라고 기록해 놓았다. 항복문학이라는 뜻이다. 우리는 그런 형태로 일제의 침략 전쟁을 적극 선동하는 반인륜적 반민족적 친일문학을 했다. 그리고 해방이 되자 그들은 대개 "이승만 박사의 민간외교활동의 추진체적 역할"을 하며(조연현, 〈내가 살아 온 한국문단〉, 어문각 P-239) 한국 문단의 주류가 되고, 그 세력이 예술원을 창립해서 그 DNA를 영원히 생물학적으로 계승하는 규약을 만들어 오늘에 이르고 있다. 대한민국 정부는 그것을 알 터이지만 수정할 만한 의지도 힘도 없는 것 같다.

　서춘성은 이런 풍토에 반기를 들고 있는 양심적인 소수이기 때문에 군계일학이라 말해도 좋다.

　한국문학사의 길을 오도한 그 문학론은 1934년의 김환태의 〈예술의 순수성〉(조선중앙일보)에서 비롯된 것이다. 예술은 사상성·목적성·사회성을 버려야 순수성이 훼손되지 않는다는 황당한 미신이 이때 만들어졌으며 서춘성의 문학은 이와 반대로 사상성·목적성·사회성 등을 짙게 반영하고 있다. 이것은 1960년대 초에 순수문학을 비판하며 전개된 참여문학이라 말해도 된다. 풀잎 하나의 사랑이라도 그것이 지구촌의 모든 소중한 생명을 사랑하는 철학적 사상과 그 사회를 증언하며 그 목적에 기여할 수 있는 문학이라면 그것은 현실을 외면하지 않는 문학이라는 뜻에서 참여문학이라 했다. 이것은 세계문학 속에서 특별한 문학이 아니고 당연히 그래야 되는 평범한 보편적 문학인데 한국문인 다수가 식민지 시대에 길들여진 노예교육의 이념을 버리지 못하고 있어서 이와 적극적으로 대립되는 서춘성이 돋보인다.

2. 서시인이 추구하는 세상과 인간 실존의 한계

    서 시인은 〈서문〉에서 시인으로 살아가는 자신을 철학적으로 성찰하며 허무주의적 비관론에 도달하고 있는 것처럼 보이기도 한다. 바람을 그물로 잡으려고 허우적거린다면 바보이며 니힐리스트이며 비관주의자일 수밖에 없다. 이것은 그가 지향하는 문학이 인간의 궁극적 한계와의 싸움이 되기 때문이다. 그리고 이것은 유럽에서 2차대전 후 주로 프랑스의 실존주의 작가들이 말한 고독한 인간의 싸움과도 유사하다.

    이 시들은 흩어진 바람을 그물로 붙들려 한
    한 사람의 오래된 이야기에서 비롯되었다.
    잡히지 않는 것들을 기다리는 일,
    끝내 손에 남는 건 그 부재의 감촉뿐이라는 사실.
    그러면서도 다시 그물을 꿰매고,
    바람 부는 방향으로 나아가는 일.

                                    〈서문〉

    꼭 그리스 신화의 시지포스를 닮았다. 거대한 바윗돌을 가파른 언덕 위로 밀어 올리다가 바위가 굴러떨어지면 다시 그 짓을 반복하는 벌은 서춘성이 시를 쓰며 소망해온 행위가 항상 헛된 일로 끝났다는 것과 같다. 물론 서 시인의 시창작 목적은 시집을 내고 시집이 잘 팔려서 존경과 사랑을 받고 유명해지고 돈을 버는 것과는 다르다.

1960년대 초에 우리 문단에서 문학은 현실을 직시하고 증언하고 참여해야 한다는 운동이 전개될 때 서정주는 맨 먼저 이를 반박하며 반공의식이 투철한 이념적 색깔론의 인상을 풍겼고 이형기는 도스토옙스키의 문학도 기껏해야 불쏘시개감밖에 안 된다는 말투로 참여론에 반기를 들었었다.

서춘성에게 있어서 시쓰기란 그가 인간으로서의 자기존재 이유를 찾아 나가는 어려운 과정이다. 시를 씀으로써 존재할 수 있는 사람. 그런데 그가 이를 통해서 거머쥐려고 하는 것은 그물로 바람 잡기였음을 알게 된다. 그러면서도 그물을 다시 꿰매고 바람 부는 방향으로 나가는 서 시인은 숙명적인 니힐리스트인 셈이다. 그렇지만 거대한 바위를 산정으로 밀어 올리는 작업을 멈췄다는 말이 없는 이상 그는 아직 패배자가 아니다. 죽는 날까지도 패배자가 아닐 것이다.

이런 비극적인 인간형으로서의 자신을 그는 이어도에 비유하고 있다. 이것은 제주도 남쪽의 수중 암초이기 때문에 보일 듯 말 듯 있다가도 없고 없다가도 있는 신비한 섬으로서 자신을 이에 비유하고 있다.

나는 나를 향해 항해한다

그 끝에 이어도 하나 떠 있다고 믿는다

지도에는 없다. 위치도 불확실하다

그러나 누구나 한 번쯤

그 섬을 보았다고 말한다

(중략)

이어도는 묻는다

"너는 너에게 도달한 적이 있는가?"

나는 말없이 파도 위에 서 있다

언제나 도착 직전에 사라지는

나라는 섬을 향해

〈이어도, 내면의 섬〉

  이렇게 말하는 작자는 존재하지도 않는 목표를 존재한다고 믿으며 속고 살아 온 바보라는 뜻이다. 이것은 〈서문〉에서 '끝내 손에 남는 건 그 부재의 감촉뿐이라는 사실.'이라 말한 것과 일치한다.

  그런데 그가 문학을 통해서 성취해온 결과물을 보면 그는 패자가 아니라 끊임없는 승자다. 시지포스도 끊임없이 실패하지만 끊임없이 다시 바위를 산정으로 끌어 올리는 승자다.

3. 돌담길의 언어 미학

이 시인은 대다수 문인이 외면하거나 두려워 말하지 않는 국가적 권력의 만행을 증언해왔다. 소재가 그것만은 아니지만 첫 시집이 나올 때도 나는 그를 5월의 시인이라 말했다. 황석영은 5월의 광주학살 때 집에 숨어서 〈임을 위한 행진곡〉을 녹음하고 있었다지만 그날이 지난 지 45년이 된 지금도 그날의 이야기는 한국문인 다수가 피하고 있는 소재다. 잘 쓰면 한강 작가의 〈소년이 온다〉처럼 노벨문학상으로도 우선순위에 오르는데 스웨덴 한림원이 말했듯이 이 소재에는 트라우마가 있다. 한강 자신도 그렇지만 전남 순천의 하늘을 보고 살아온 서춘성이라면 트라우마의 의미를 잘 알 것이다.

트라우마에는 자기검열이 따른다. 그럴 뿐만 아니라 그런 배경을 말하는 문학은 정치적 도구가 되고 예술성이 훼손된다는 유언비어와 모략까지 따르기 쉽다.

윤동주의 〈서시〉도 그런 유언비어의 피해를 입고 있다. 지금 2천년대에도 그렇게 폄하된 대표적인 예다, 이어령의 평론에서는 이렇게 나타난다. 윤동주가 마침내 옥사한 '전기적 상황적 견지에서 〈서시를〉 읽는 것이 얼마나 위험하고 비시적인 것인지를 실감할 것이다"라는 감탄적 어법으로 '윤동주의 〈서시〉를 논했다.

이것은 1930년대 초에 일제가 우리 문인의 입에 재갈을 물리며 만든

문학론이며 계산된 망언이다.

　이런 망언을 길러 낸 폭력과 공포의 트라우마는 이렇게 나타났었다. 1933년에 일본 본토에서는 약 400명이 체포되고 3명이 고문으로 죽고 조선에서는 70~80명이 체포 또는 투옥되었다. 일본의 NAPF(일본 프롤레타리아 예술가동맹)는 사회주의만이 아니라 천황제 폐지와 식민지 해방까지 실천강령에 있었기 때문에 이는 목숨까지 빼앗기는 투쟁이 되었다. 그렇지만 감옥에서 간수 몰래 쓴 문학이라도 문학은 문학이며 정치가 아니다. 서춘성은 사랑과 평화를 위해 피해자의 눈물과 숨소리를 아름다운 언어 예술의 기법으로 전한 것이며 이를 정치도구라고 모략해서는 안 된다.

　　얼기설기 쌓아 올린 돌담 사이사이
　　절규 같은 구멍들은
　　슬픔이 흐르는 눈물의 길이요
　　떠났던 혼백이 찾아오는 길이며
　　이름 없이 떠도는 바람의 길이다

　　많은 죽음을 보아버린 기억의 눈동자
　　자식 잃은 어멍처럼 서 있는 돌담은

오늘도 비를 맞으며 비에 젖지 않고

갈 곳 잃은 서러운 바람에게 젖을 물리고 있다

〈떠도는 바람의 섬〉

  이것은 대한민국 정부가 수립된 다음 해 1월 17일에 제주도 북촌리에서 발생한 집단학살사건을 소재로 한 작품이다. 정부 조사기록으로는 약 400명 민간인 학살로 되어 있고 이에 대해서 120명쯤이라는 반박도 있다. 제주도 4.3 사건은 희생자가 1만4천에서 3만 명 민간으로 집계되어 있으며 미군정 초기부터 7년간에 걸쳐서 이승만 이하 군경 민간단체가 미군 지휘를 받아가며 참여했다.

  이는 단군 이래 국가권력이 민간인을 가장 잔인한 방법으로 학살한 최대의 범죄이며 북촌리돌담길은 그중의 한 소재다. 서 시인은 이를 증언하고 고발하지만 잔혹성의 실증적 구체적 묘사 대신 그 슬픔을 극대화하는 이미지로 형상화되어 있다.

  제주도 북촌리의 돌담길은 팥죽이 끓다가 그대로 식은 것처럼 용암이 끓다가 공기 방울이 그대로 굳어버린 형태의 현무암이다.

  작자는 이렇게 된 구멍 길을 비유법으로 형상화한다.

  슬픔이 흐르는 눈물의 길, 떠났던 혼백이 찾아오는 길, 이름 없이 떠도는 바람의 길 그리고 구멍을 절규에 비유하고 있다. 분노의 저항이 있었던 사건이지만 분노는 지워지고 슬픔과 눈물과 바람만으로 사건이 그려져 있다.

이런 서정적 표현은 감정적 상처를 치유하고 미적 감동을 유발하는 언어미학이다.

언어예술로서는 희극보다는 비극이 항상 관객들을 감동시키며 양심을 일깨우는 기법이 된다. 울면 안아 주고 사랑해 주고 싶어지고 아기라면 젖도 먹여주고 싶듯이 따듯한 사랑이 곧 세상의 상처를 치유하고 달래준다. 즉 선(善)이 미(美)가 되고 여기에 진실의 증언이 함께한 진선미의 화학적 결정체가 예술이요 그것은 구원의 메시아적 기능을 지닌다.

이 작품의 이미지들은 이렇게 상처입은 피해자를 치유하고 위로하며, 오염되고 왜곡된 심성을 정화하고 개조한다. 정신세계는 가시적인 것이 아니지만 시침은 알아보기 어려워도 초침은 눈에 보이듯이 그 변화는 확실히 진행된다. 북촌의 돌담 길이 피에 물들었던 학살현장이 45년 후 1.23에서 다시 반복되려다 만 것은 그만큼 양심의 문하고 함께하며 세상은 진화하기 때문이다.

4. 바다로 흘러가는 섬진강

강은 바다를 향해 미래로 흘러가고
죽은 그들의 무덤 위에
내린 눈은 모두 백설이었기에
모진 비와 짙은 안개 속에서도
문수골 진달래는 다시 피어나고

새로운 생명을 품은 섬진

지리산에는 또 하나의 계절
사랑과 평화의 계절이 흐르고 있다

〈지리산에 흐르는 또 하나의 계절〉

피 바람은 제주도 돌담길에만 불었던 것이 아니다. 서춘성 시인의 세계는 더 널리 광역화되고 있다. 이 시를 써 오고 있는 순천을 비롯해서 지리산 일대가 피빛 진달래로 더 붉게 피던 계절이 있다.

사계절은 모두 비명에 잘려 나가고

진달래 피는 봄 사월 문수골 깊은 골에

굶주린 배를 채우기 위해

진달래의 붉은 꽃잎 볼이 붉어지도록 따먹고

죽은 자의 입술에 묻은 밥알까지 거둬 먹다가

<지리산에 흐르는 또 하나의 계절>

지리산에는 진달래가 피었지만 이렇게 굶주림 때문에 진달래 먹어 입이 붉어지고 죽은 자의 입술에 묻은 밥알까지 거둬 먹던 계절이 있다. 아마도 시인은 이런 전설들을 그 노인의 눈물에서 읽었을지도 모른다.

지리산 아래

국밥 한 그릇에 말없이 흘러내리는 눈물

구례장터에는

아직도 말을 아끼는 노인이 있다

<돌아 보면 산이 있다>

이런 전설은 국밥 먹던 노인의 눈물만 전한 것이 아니다. <지리산 고사목>도 그날 거기서 있었던 일들을 말한다.

누군가는 죽은 나무라고 말한다
　　그러나 그 나무는 한 생의 끝에서
　　산의 기억을 붙잡고 있다

　이렇게 죽었지만 그는 역사의 증인이다. 그런 증언들은 거의 모든 작품에서 직간접적으로 소재가 되어 상받은 영혼을 위무하고 힘을 주고 미래를 약속한다.

　〈지리산에 흐르는 또 하나의 계절〉은 사랑과 평화의 부활을 약속한다.

　　강은 바다를 향해 미래로 흘러가고
　　죽은 그들의 무덤 위에
　　내린 눈은 모두 백설이었기에
　　모진 비와 짙은 안개 속에서도
　　문수골 진달래는 다시 피어나고

　그 지리산 문수골을 바라보며 섬진강이 바다로 흘러가듯이 작자는 그 슬픔의 영혼을 향해 더 넓고 푸른 미래가 기다리고 있다고 힘을 돋우고 있다. 분홍빛 진달래와 굽이굽이 흐르며 바다로 가는 섬진강은 아름답다. 그리고 작자는 이 아름다운 풍경에 미래라는 희망을 심어준다. 혹시 이 미래가 허상이고 환상이라면 작자는 거짓말을 하는 셈이지만 그것은 생명의 부활을 위한 아름다운 예술이다.

시인은 이들의 영혼을 달래주며 넋풀이 춤도 춘다.

너는 춤춘다
당신의 숨을 이어받아
이 허공에 꽃잎처럼 뿌리며

오늘, 이 살풀이의 소매 속에서
묻힌 넋들이
잠시 웃는다
잠시, 집으로 돌아온다

<넋풀이>

그런데 이렇게 넋을 달래며 살풀이 춤을 추는 모습은 참 아름답지만 작자가 이 시집 첫머리에서 말하는 니힐리스트의 한숨이 상기되고 이

어도가 상기되어 안타깝다.

윤동주의 넋을 달래주며 후쿠오카 형무소 뒤쪽 광장에서 살풀이 춤을 추던 이애주 무용가의 모습도 상기된다.

이들은 모두 소복을 입고 있거나 그렇게 그려진다. 이애주 무용가는 이한열을 위한 민주 광장에서도 그랬듯이 소복이다. <넋풀이>의 주인공도 물론 소복일 것이다. 아래 인용문에서 진달래 앞에 울고 서 있는 당신도 소복이다.

소복은 우아하고 아름답다. 작자는 이 현장의 여인들에게 하얀 소복을 입혀주고 있어서 형상화된 이미지가 모두 회화적 색채미를 연출한다. 그런데 그것은 모두 상복이다. 춤추는 여인들은 모두 상복을 입어야 하지만 봄이 와서 지리산의 진달래 앞에 서 있는 여인은 무용가가 아닌데 그것은 상복이다. 죽은 자를 찾아 온 여인의 이미지다.

살풀이가 넋을 달래듯이 이들은 모두 죽은 자를 달래려 하는 인물들이며 이는 이 비극적인 민족사 앞에서 눈물을 흘리고 있는 셈이다. 이것이 소복의 여인상으로 인해서 아름다운 회화가 되어 있지만 그런다고 죽은 넋이 살아 있는 여인의 눈물을 볼 수나 있을 것인가. 작자는 여기서 "이념이란 돌덩이를 품고 부화를 기다렸던/다시 못 온 당신들은 누구입니까"라고 절규하고 있다.

다른 작품과 달리 <지리산에 흐르는 또 하나의 계절>에서는 직접적으로 '이념'이라는 말이 나온다. 이것은 우리 뜻과는 상관없이 어느 날 갑자기 강대국들이 우리에게 좋은 세상을 약속해주는 주문처럼 부둥켜안고 죽으라고 준 돌덩이다. 그런데 미래는 너무 멀고 죽은 자는 영원히 돌아오지 않는 것이 현실이기 때문에 〈이어도〉에서 "너는 너에게 도달한 적이 있는가?"라고 한 질문이 다시 상기되어 안타깝다.

뼛골까지 시린 문수골 찬바람과 골안개 속에
상고대 핀 진달래꽃은 차마 먹지 못하고
소복 입은 진달래 앞에
울고 있었던 당신들은 누구입니까

산짐승 되어 목숨까지 버리고
이념이란 돌덩이를 품고 부화를 기다렸던
다시 못 온 당신들은 누구입니까
〈지리산에 흐르는 또 하나의 계절〉

이렇게 진달래 피고 소복 입은 여인의 풍경은 참 아름다우며 봄은 언제나 다시 오지만 눈물 없는 여인의 그림을 그리기는 어려운 것 같다.

5. 역사의 흙탕물과 서 시인의 날개

 그러나 우리는 눈물도 흘려야 한다. 그리고 먼저 분노해야 한다. 아름다운 서정도 문학이지만 분노하는 서정이 없는 문학은 의식기능에 장애가 있는 불구의 문학이며 그것은 때때로 불의와의 야합이 된다.

 글쓰기는 방 안의 책상 위에서 진행되지만 문밖을 나가지 않더라도 새소리만이 아니라 이웃집의 비명 소리에도 귀를 기울이는 사람이 정상이다. 문학은 취미와 교양수단으로서도 고급 문화양식이지만 다른 예술과 가장 심오한 사색의 수단이 되는 언어예술로서 인간을 개조하고 구원하는 최고기능을 지닌다.

 서춘성의 문학은 우리 역사적 현실이 남겨오며 아직 치유되지 않은 가장 깊은 상처를 만지고 있다. 그것은 카인의 후예로 태어난 인종들의 원천적 과제이므로 난제일 수밖에 없다. 그래서 시인은 실망도 하지만 서 시인의 작품은 세상을 바꿔 나간다.

 나비들은 부서지기 쉬운 연약한 날개로 하늘 높이 날며 때로는 세상을 바꾼다. 로렌츠의 '나비효과'는 가상이 아니다. 이 나라의 피의 역사는 총을 가진 강자들이 저질렀지만 그 세상을 바꿔온 역사는 총 없는 약자들이 만들어 온 것이다. 2025년 초부터 시작된 암울한 역사를 바꾼 것은 유모차까지 끌고 나온 아줌마들의 힘이 컸다.

 나는 서 시인의 다음 시구절이 마음에 든다.

높은 것은 언제나 낮은 데서 시작한다
비상은 낙하의 어깨에서
한 발짝 더 내려가는 일
그래서 날개는 흙에서 자란다

절망과 좌절의 흙탕물 속에
그것은 핀다
아무도 모르게

<날개는 흙에서 자란다>

 이렇게 우리 역사의 절망과 흙탕물 속에서 힘찬 날개가 자라고 있는 시인이 서춘성이다. 이번 시집으로 더욱 아름답고 힘찬 새가 이 땅의 하늘을 날게 되어 기쁘다.

2025년 여름 상도동에서